総本山第六十八世御法主日如上人猊下

御指南集 三十三

―― 目　次 ――

凡例

一、本書は『大日蓮』誌の令和五年五月号から同年十月号までに掲載された、総本山第六十八世御法主日如上人猊下の御指南を抄録したものである。

一、各項の題は編集者がつけた。また読者の便宜のため、ルビ等を加筆した。

一、各項末には、御指南がなされた行事名と、『大日蓮』の掲載号およびページ数を記した。

一、本書に使用した略称は次のとおり。

御　書　――　平成新編日蓮大聖人御書（大石寺版）

法華経　――　新編妙法蓮華経並開結（大石寺版）

① 妄語《もうご》・強言《ごうげん》と実語・軟語《なんご》

「仮令強言《たといごうげん》なれども、人をたすくれば実語・軟語《なんご》なるべし」と仰せでありますが、たとえ「強言」厳しい言葉であったとしても、人を救うことができるならば、それは「実語」真実の言葉であり、「軟語」優しい情のある言葉であると仰せられているのであります。

それ故、大聖人が念仏無間《むけん》・禅天魔・真言亡国・律国賊《こくぞく》と、四箇《か》の格言をもって厳しく断じられたことは、一見、強言ではありますが、実には、うそ偽《いつわ》りのない真実の言葉であり、軟語すなわち、人の幸せを願う優しい情のある言葉であると仰せられているのであります。

そして、さらに「設《たと》ひ軟語なれども、人を損ずるは妄語《もうご》・強言なり」と仰せられ、反対に、たとえ「軟語」穏《おだ》やかで優しい言葉であっても、人を損ずる、すなわち人を誤った道に入らせるならば、それは「妄語」偽りの言葉であり、「強言」強く荒《あら》き言葉であると仰せられているのであります。

次いで「当世学匠《がくしょう》等の法門は、軟語・実語と人々は思《おぼ》し食《め》したれども皆《みな》強言・妄語なり。仏の本意たる法華経《ほけきょう》に背《そむ》く故なるべし」と仰せでありますが、今の学匠、すなわち仏道を修学している者の法門は、一見「軟語」優しい情のある言葉であり、「実語」真実の言葉であろうと人々は思っておりますが、実にはすべて「強言」荒き言葉であり、「妄語」偽りの言葉であると仰せられているのであります。これは、邪義邪説を説く他宗の者達の法門を指して、かく御教示されているのであります。すなわち、邪義邪宗の者達の言葉は皆、仏の本意たる法華経に背いているからであると仰せであります。

〔御霊宝虫払大法会・令和五年五月号15ページ〕

② 慈悲の一念からの言葉

無量義経には、

「四十余年。未顕真実（四十余年には未《いま》だ真実を顕《あらわ》さず）」

（法華経二三ジペー）

と説かれ、釈尊五十年の説法のうち、法華経《ほけきょう》以前の四十余年間に説かれた教えは、方便権教《ごんきょう》であって真実を顕さない教えであると明かされ、また、法華経方便品には、

「正直捨方便（正直に方便を捨てて）」（同一二四ジペー）

と説かれて、法華経以前に説かれた華厳《けごん》・阿含《あごん》・方等《ほうどう》・般若《はんにゃ》等の爾前《にぜん》経は、法華経を説くための方便の教えであり、法華経が説かれれば、正直に捨てるべき経典であると仰せられているのであります。

次に「日蓮が念仏申す者は無間地獄《むけんじごく》に堕《お》つべし、禅宗・真言宗も又謬《あやま》りの宗なりなんど申し候《そうろう》は、強言《ごうげん》とは思《おぼ》し食《め》すとも実語・軟語《なんご》なるべし」とありますが、大聖人が「念仏を称《とな》えている者は無間地獄に堕ちる。また、禅宗も真言宗も誤った宗である」と、一見、「強言」強く荒《あら》い乱暴な言葉のように思われますが、これこそ真実の言葉であり、「軟語」すなわち心を尽くした優しい言葉であると仰せられているのであります。

これは今日《こんにち》、私どもが折伏《しゃくぶく》を行ずる時、間違った教えによって苦悩に喘《あえ》いでいる人に対しては破邪顕正《はじゃけんしょう》、すなわち邪義邪宗の誤りを破折《はしゃく》し、間違いを糾《ただ》していきますが、これは相手の人格を否定しているのではなくして、邪義邪宗の謗法《ほうぼう》を破折しているのであります。したがって、あくまでも相手を思う慈悲の一念からの言葉でなければならず、相手もそれを感じ、入信に至ることができるということであります。

〔御霊宝虫払大法会・令和五年五月号16ページ〕

③ 必ず諸難を乗り越えることができる

大聖人は『兄弟抄』に、

「魔競《きそ》はずば正法《しょうぼう》と知るべからず。第五の巻に云《い》はく『行解既《ぎょうげすで》に勤めぬれば三障四魔紛然《さんしょうしまふんぜん》として競ひ起こる、乃至随《ないしした》ふべからず畏《おそ》るべからず。之《これ》に随へば将《まさ》に人をして悪道に向かはしむ、之を畏れば正法を修することを妨《さまた》ぐ』等云云《うんぬん》。此《こ》の釈は日蓮が身に当たるのみならず、門家の明鏡なり。謹《つつし》んで習ひ伝へて未来の資糧とせよ」（御書九八六㌻）

と仰せであります。

我々が妙法広布《こうふ》に挺身《ていしん》していけば、三障四魔が紛然として競い起こることは必定《ひつじょう》であります。まさしく「魔競はずば正法と知るべからず」であります。

しかし、

「異体同心なれば万事を成《じょう》ず」（同一三八九ジペー）

と仰せの如《ごと》く、私達が正法正義に基づく強盛《ごうじょう》なる一念のもとに、異体同心・一致団結して一天広布を目指し、たくましく前進していく前にはいかなる障魔も退散して、必ず諸難を乗り越えることができるのであります。

〔富士学林大学科卒業式・令和五年五月号22ジペー〕

④ 信行学は仏道修行の基本

大聖人様は『諸法実相抄』に、

「行学の二道をはげみ候《そうろう》べし。行学たへ《絶》なば仏法はあるべからず。我もいたし人をも教化《きょうけ》候《そうら》へ。行学は信心よりをこるべく候。力あらば一文一《いちもんいっ》句《く》なりともかたらせ給《たも》ふべし」（御書六六八ページ）

と仰せです。この信行学は仏道修行の基本であります。

まず「信」とは、本門戒壇《かいだん》の大御本尊様に絶対の信を持ち、清浄《しょうじょう》な心で疑いを交《まじ》えず信ずることであり、無疑曰信《わっしん》、すなわち疑いなきを信と言う、この信であります。

次の「行」とは、仏様の教えを守り、具体的に実践することであります。

そして「学」とは、仏様の教えを正しく学び、理解することであります。すなわち、仏道修行は信を第一に、行学の二道に励み、一天四海本因妙広《ほんにんみょう》宣流布《るふ》を目指して、精励《せいれい》することであります。

〔総本山大坊在勤式・令和五年五月号25ページ〕

⑤ 必ず幸せに変わっていく

『立正安国論《りっしょうあんこくろん》』の御聖意《しょうい》は永遠の指針であり、我々は片時《かたとき》も忘れてはならない御制誡《せいかい》であります。

思うに、今日《こんにち》のコロナ禍《か》による世界および日本の現状は、この『立正安国論』にお示しあそばされた当時の混乱に満ちた惨状《さんじょう》と同じ様相を呈《てい》していると言っても、決して過言ではありません。

されば、今こそ私どもは『立正安国論』の御聖意に任せ、すべての人々の幸せと仏国土《ぶっこくど》実現を期して、邪義邪宗の謗法《ほうぼう》を破折《はしゃく》し、妙法広布《こうふ》に挺身《ていしん》していかなければなりません。

一人ひとりが「一心欲見仏　不自惜身命《しんみょう》」の御文意を拝し、妙法広布に生きる時、我々は自分自身も、また自分を取り巻くすべての環境も変わっていくのであります。不幸な境界《きょうがい》も、悪《あ》しき環境も、苦悩も、必ず幸せに変わっていくのでありまして、まさしく妙法受持の功徳《くどく》であります。そして、この妙法受持の功徳によって個から全体へ、さらにその波動が国土世間へ及び、仏国土を築くことになるのであります。まさしく、これは一念三千の原理によるところであります。

皆様には、是非ともこのことを銘記《めいき》され、特に今日、一人ひとりが『立正安国論』の御聖意を拝し、妙法広布のために戦いきっていただきたいと思います。

〔四月度広布唱題会・令和五年五月号30ジペー〕

⑥ 功徳《くどく》として来たらざる事なし

我々が立ち上がれば、三障四魔《さんしょうしま》も紛然《ふんぜん》として競《きそ》い起こることは必定《ひつじょう》でありま す。しかし、これらの難も強盛《ごうじょう》に題目を唱え、折伏《しゃくぶく》の実践によって威力を減じ、消え去っていくことも必定であります。

要は、御本尊様の広大無辺なる功徳《くどく》を絶対の確信を持って信じきっていくことであり、この御本尊様への絶対の確信と弛《たゆ》まぬ折伏の実践こそが、今日《こんにち》の混沌《こんとん》とした世の中を変えていくことができる最善の方途《ほうと》であります。

『聖愚問答抄《しょうぐもんどうしょう》』には、

「此《こ》の妙法蓮華経を信仰し奉る一行に、功徳として来たらざる事なく、善根として動かざる事なし」（御書四〇八ページ）

と仰せであります。

皆様方にはこの御金言《きんげん》を胸に、いよいよ自行化他《けた》にわたる信心に励まれますよう心からお祈り申し上げ、本日の挨拶といたします。

〔四月度広布唱題会・令和五年五月号31ジペー〕

⑦ 動けば智慧《ちえ》が涌《わ》く

私どもは断固たる決意と果敢《かかん》なる行動をもって、何を差し置いても折伏を行じていかなければなりません。

大聖人は『一念三千法門』に、

「百千合《あ》はせたる薬も口にのまざれば病も愈《い》えず。蔵に宝を持《も》てども開く事を知らずしてかつ《餓》へ、懐《ふところ》に薬を持ちても飲まん事を知らずして死するが如《ごと》し」（御書一一〇ページ）

と仰せであります。

折伏は思うだけでは達成できません。思うだけでは理の仏法であります。

御先師日顕上人は、折伏について「動けば智慧《ちえ》が涌《わ》く」と御指南《しなん》されております。まさに折伏は理屈ではなく実践であります。行動であります。動けば、すなわち何はともあれ、折伏を行じていけば、おのずと智慧が涌き、誓願達成へ結びついていくのであります。

されば、私どもはこの御指南を拝し、何しろ動く、何しろ折伏を行ずることが第一であることをしっかりと心肝《しんかん》に染め、各支部ともに折伏作戦会議などを開いて具体的に作戦を練《ね》り、異体同心・一致団結して折伏に打って出るようにしていただきたいと思います。

〔全国正副宗務支院長会議・令和五年六月号37ページ〕

⑧固い信念を持って根気よく

初めは、なかなか思うようにいかなくても、固い信念を持って根気よく折《しゃく》伏《ぶく》を続けていけば、折伏は必ず達成できるのであります。

大聖人は『曽谷《そや》殿御返事』に、

「法華経《ほけきょう》の敵《かたき》を見ながら置いてせめずんば、師檀《しだん》ともに無間地獄《むけんじごく》は疑ひなかるべし（中略）謗法《ほうぼう》を責《せ》めずして成仏《じょうぶつ》を願はゞ、火の中に水を求め、水の中に火を尋《たず》ぬるが如《ごと》くなるべし」（御書一〇四〇㌻）

と仰せであります。

この御文は、皆様もよく御存じの御指南《しなん》でありますが、今こそこの金言《きんげん》を拝し、各支部とも一致団結して折伏に打って出るようにしなければなりません。

〔全国正副宗務支院長会議・令和五年六月号38㌻〕

⑨ 使命を果たす

大聖人様は『諸法実相抄』に、

「日蓮一人はじめは南無妙法蓮華経と唱へしが、二人三人百人と次第に唱へつたふるなり」（御書六六六㌻）

と仰せられ、広宣流布《るふ》への道は、日蓮大聖人様のお振る舞いがそうであったように、妙法蓮華経の五字を、二人、三人、百人と順次に伝えていく以外にないと御教示あそばされているのであります。

すなわち、私ども一人ひとりが大聖人様の教えを守り、弛《たゆ》まず折伏《しゃくぶく》を実践していくところに、広宣流布の道が大きく開かれてくるのであります。

されば、私どもは地涌《じゆ》の菩薩《ぼさつ》の眷属《けんぞく》として、一切衆生《しゅじょう》救済の尊い使命があり、その使命を果たすためには、一人ひとりが日蓮大聖人の忍難弘通《ぐずう》のお振る舞いを拝し、広宣流布に向かって決然として折伏を行じていくことが肝要《かんよう》なのであります。

〔五月度広布唱題会・令和五年六月号43ジペー〕

⑩ 謗法《ほうぼう》を放置してはならない

僧俗が異体同心・講中一結して唱題に励み、その功徳《くどく》と歓喜をもって勇躍《ゆうやく》として折伏《しゃくぶく》を行じていくところ、広宣流布《るふ》の大願も必ずかなうと御指南《しなん》あそばされているのであり、これこそが折伏誓願達成の秘訣《ひけつ》であることをよくよく知るべきであります。

大聖人様は『南条兵衛《ひょうえ》七郎殿御書』に、

「いかなる大善をつくり、法華経《ほけきょう》を千万部書写し、一念三千の観道を得たる人なりとも、法華経のかたき《敵》をだにもせめ《責》ざれば得道ありがたし」

(御書三二二㌻)

と仰せであります。

たとえ信心をしていても「法華経のかたきをだにもせめざれば得道ありがたし」と仰せのように、不幸の根源である邪義邪宗の謗法《ほうぼう》を放置したまま、破折《はしゃく》もせず、折伏をしなければ、未来永劫にわたる真実の幸せを獲得することはできないとの仰せであります。

されば、私達は改めてこのことをしっかりと心に刻み、これからの折伏戦に臨んでいかなければならないと思います。

〔五月度広布唱題会・令和五年六月号44ページ〕

⑪ どんなことでも成《な》し遂《と》げることができる

「日本国の人々は多人なれども、同体異心なれば諸事成《じょう》ぜん事かたし」と仰せです。

ちなみに日本国の現在の人口は、約一億二千五百万人と言われますが、鎌倉時代は七百五十万人ぐらいだったようです。このように、日本国の人口は多くとも、人それぞれの姿、形が異なるように、その心持ちがバラバラになっていれば、何事も成就《じょうじゅ》することは難しいとおっしゃっているのであります。

しかし「日蓮が一類は異体同心なれば、人々すくなく候《そうら》へども大事を成じて、一定法華経《いちじょうほけきょう》ひろまりなんと覚へ候《そうろう》」と仰せです。

つまり、大聖人様の一門は、今は少ない人数であるけれども、異体同心の団結をもってすれば、いかなる大事も成就して「一定法華経ひろまりなんと覚へ候」すなわち、必ず法華経が弘まると確信するということを、大聖人様は断言されているのであります。

今、私達は、日本の人口、世界の人口から比べれば、まだまだわずかな同志であります。しかし、その我々が心を一つにして戦えば、どんなことでも成《な》し遂《と》げることができる。一天広布《こうふ》も必ず成し遂げることができるということであります。したがって、この異体同心ということをしっかりと身に体《たい》して、これからの戦いに臨んでいく必要があると思います。

〔法華講講習会第二十一期・令和五年七月号34ジペー〕

⑫ 善法を受持して善行に励む

「悪は多けれども一善にかつ事なし。譬《たと》へば多くの火あつまれども一水にはき消《え》ぬ」と仰せであります。

「多悪、小善に如《し》かず」という言葉がありますが、「悪は多けれども一善にかつ事なし」ということもまた、まさにその通りであるとの仰せでありま す。例えば、多くの火が集まっても一水によって消えてしまうように、いかに悪が多くとも一善に勝つことはないと仰せられているのであります。

すなわち「一善」とは、唯一の善、最高善の意で、善とは、法に約して善法という意味と、修行に約して善行あるいは善根、善戒という意味がありま す。末法今時《こんじ》では、本因下種《ほんにんげしゅ》の南無妙法蓮華経という善法を受持し、善行に励むことが、最高の善となるのであります。

されば、日々の信行におきまして、それぞれが自行化他《けた》の信心に励み、異体同心していくことがいかに大事であるかを、我々は銘記《めいき》すべきであります。

〔法華講講習会第二十一期・令和五年七月号35ジペー〕

⑬ 信心の功徳《くどく》を身をもって示す

折伏《しゃくぶく》には説得力が必要であります。説得力が乏《とぼ》しいと、相手はなかなか信じません。したがって、説得力を身に付けなければなりませんが、説得力と言っても、言葉が巧《たく》みなだけでは相手は入信しません。

大聖人様は『法蓮抄』に、

「凡夫は此《こ》の経は信じがたし。又《また》修行しても何の詮《せん》かあるべき。是《これ》を以《もっ》て之《これ》を思ふに、現在に眼前の証拠あらんずる人、此の経を説かん時は信ずる人もありやせん」（御書八一四ジペー）

と仰せであります。すなわち、折伏に当たって最も説得力があるのは、信心の功徳《くどく》を身をもって示す、すなわち現証として示すことだとおっしゃっているのです。

〔六月度広布唱題会・令和五年七月号41ジペー〕

⑭ 自らが変わり、相手が変わる

私どもの折伏《しゃくぶく》も、不軽菩薩《ふきょうぼさつ》の大神通力、楽説弁力《ぎょうぜつべんりき》、大善寂力《だいぜんじゃく》を目《ま》の当たりにして、増上慢《ぞうじょうまん》の四衆が等しく、その説くところを聞いて信伏随従するに至ったように、確《かく》たる信心の現証を示すことが肝要《かんよう》であります。

そのためには、まず自らが自行化他《けた》の信心に励むことが大事であります。自行化他の信心に励むところ、おのずと妙法の広大無辺なる功徳《くどく》によって、我らもまた不軽菩薩と同様に、大神通力、楽説弁力、大善寂力を得ることができるのであります。

故に、大聖人様は『御義口伝《おんぎくでん》』に、

「所詮今《いま》日蓮等の類《たぐい》南無妙法蓮華経と唱へ奉る行者は末法《まっぽう》の不軽菩薩なり」（御書一七七八㌻）

と仰せられているのであります。

すなわち、私どもが不軽菩薩と同様に、大神通力、楽説弁力、大善寂力を得ることができれば、おのずと我らの身口意《しんくい》の三業《ごう》にわたる所行のすべてが折伏に役立つ、強烈な説得力を持つことになるのであります。

例えば、折伏の言葉一つ取っても、自然と楽説弁力等の功徳が発揮され、相手の信頼を得ることができるのであります。

折伏は結局、我々の言っていることを、相手が信じてくれなければ何もなりません。相手の信頼に足《た》る言葉、行い、意《こころ》がなければ、折伏は成就《じょうじゅ》しないのであります。

大御本尊様への絶対信をもって自行化他の信心に励む時、妙法の広大なる功徳によって自らが変わり、自らが変わることによって相手が変わり、折伏成就に至るのであります。

〔六月度広布唱題会・令和五年七月号41ジペー〕

⑮ 謗法厳誡《ほうぼうげんかい》

『曽谷《そや》殿御返事』には、

「謗法《ほうぼう》を責《せ》めずして成仏《じょうぶつ》を願はゞ、火の中に水を求め、水の中に火を尋《たず》ぬるが如《ごと》くなるべし。はかなしはかなし。何《いか》に法華経《ほけきょう》を信じ給《たも》ふとも、謗法あらば必ず地獄《じごく》にを《堕》つべし。うるし《漆》千ばい《杯》に蟹《かに》の足一つ入《い》れたらんが如し。『毒気深入《どっけじんにゅう》、失本心故』とは是《これ》なり」（御書一〇四〇ジペー）

と仰せられているのであります。

この御教示は、皆さん方もよくお聞きのことと思いますけれども、謗法というのは恐ろしいのです。謗法によって家庭が崩壊《ほうかい》し、人が病《や》み、そして世の中が変化していく有り様は、現実に私達も目にしていることと思います。

本宗におきましては「謗法厳誡《げんかい》」、謗法は絶対にやってはいけないと厳しく誡《いまし》められているのは、かくなる上からおっしゃっているのです。

したがって、私どもは、大御本尊様への絶対の信を持って、一人ひとりがしっかりと謗法厳誡の宗是《しゅうぜ》を固く守り、破邪顕正《はじゃけんしょう》の折伏《しゃくぶく》を行じ、もって自行化他《けた》の信心に励んでいくことがいかに大事であるかを改めて知るべきであります。

ですから、この謗法厳誡ということについて、本宗では昔から、たとえ下駄《げた》の鼻緒《はなお》が切れても、邪宗の神社・仏閣《ぶっかく》の前では、それを直してはいけないと言っているのです。つまり、他宗の神社・仏閣の前で鼻緒を結べば、形として神社・仏閣の本尊に対して頭を下げることになるからであります。このようなことは皆さん方も知っていると思うけれども、しっかりと認識して、子供や孫にも伝えていかなければならないことと思います。

されば、改めて「何に法華経を信じ給ふとも、謗法あらば必ず地獄にをつべし。うるし千ばいに蟹の足一つ入れたらんが如し」との御遺訓《ゆいくん》をしっかりと拝していくことが大事です。つまり、たくさんの漆《うるし》の中に蟹の足を一本、入れただけで、その漆は使いものにならなくなってしまうと言われているように、自分では強盛《ごうじょう》な信心をしているつもりでも、もし謗法があれば、せっかくの信心も台無しになってしまうのです。

ですから大聖人様は、私達に常日ごろから謗法厳誡の宗是を固く守り、なお一層の精進《しょうじん》をもって邪義邪宗の謗法を破折《はしゃく》し、謗法の害毒によって苦しむ多くの人を救っていくこと、そして自行化他の信心に励むことが肝要《かんよう》であるとおっしゃっているのであります。

〔法華講講習会第二十二期・令和五年八月号24ジペー〕

⑯ 妙法信受の功徳《くどく》を説く

大聖人は『立正安国論《りっしょうあんこくろん》』に、

「嗟呼《ああ》悲しいかな如来誠諦《じょうたい》の禁言《きんげん》に背《そむ》くこと。哀《あわ》れなるかな愚侶《ぐりょ》迷惑の麁語《そご》に随《したが》ふこと。早く天下の静謐《せいひつ》を思はゞ須《すべから》く国中の謗法《ほうぼう》を断《た》つべし」

（御書二四七ページ）

と仰せであります。

今日《こんにち》の世情を見ると、まさに末法濁悪《まっぽうじょくあく》の世相そのままに、ロシアによるウクライナ侵略や新型コロナウイルス感染症の蔓延《まんえん》など、様々な異変や難事が惹起《じゃっき》し、混乱に陥《おとしい》れています。

これらの悪現象は『立正安国論』の原理に照らして見る時、

「世皆《みな》正に背《そむ》き人悉《ことごと》く悪に帰《き》す。故に善神国《くに》を捨てゝ相《あい》去り、聖人所《ところ》を辞して還《かえ》らず。是《ここ》を以《もっ》て魔《ま》来たり鬼《き》来たり、災《さい》起こり難《なん》起こる。言はずんばあるべからず。恐れずんばあるべからず」（同二三四ジペー）

と仰せの如《ごと》く、まさしく邪義邪宗の謗法の害毒によるものであります。

されば、私どもは一人ひとりが断固たる決意を持って立ち上がり、今こそ妙法広布《こうふ》に全魂《ぜんこん》を傾《かたむ》け、破邪顕正《はじゃけんしょう》の折伏《しゃくぶく》を行じていかなければなりません。

同じく『立正安国論』には、

「若《も》し先《ま》づ国土を安《やす》んじて現当を祈らんと欲《ほっ》せば、速《すみ》やかに情慮を廻《めぐ》らし忩《いそ》いで対治を加へよ」（同二四八ジペー）

と仰せられ、今日の如き謗法の害毒によって、悪世末法の姿そのままに、混沌《こんとん》とした姿を映し出している時、まさにかくなる時こそ、私どもは一人でも多くの人々に謗法の害毒を知らしめ、もって広大無辺なる妙法信受の功徳《くどく》を説き、破邪顕正の折伏を行じていかなければなりません。

〔富士学林研究科開講式・令和五年八月号27ジペー〕

⑰ 元品《がんぽん》の無明《むみょう》を切る利剣《りけん》

『諸経と法華経《ほけきょう》と難易の事』を拝しますと、

「生死《しょうじ》の長夜を照《てら》す大灯、元品《がんぽん》の無明《むみょう》を切る利剣《りけん》は此《こ》の法門には過ぎざるか」（御書一四六八ページ）

と仰せであります。

「生死の長夜」とは、衆生《しゅじょう》が三界六道の世界において、生死を繰り返すさまをこのように言っているのであります。その生死の長夜につきまとう暗黒の如《ごと》き迷いや苦しみを照らす灯火《ともしび》こそが、妙法蓮華経であると仰せられているのであります。

また「元品の無明を切る利剣は此の法門には過ぎざるか」の「元品の無明」

とは、衆生に本来的に具《そな》わっている根本的な迷いのことであります。つまり「元品」とは根本・根源を意味し、「無明」とは迷いのことで、物事に明るくなく、暗いという意味であります。

すなわち、妙法蓮華経という絶対の真理に対して、一切の煩悩《ぼんのう》の根本となるのが元品の無明であります。そこで、この元品の無明を断ずれば、成仏《じょうぶつ》の境界《きょうがい》を得られるということで、その元品の無明を切る利剣こそ「此の法門」すなわち、妙法蓮華経であると仰せられているのであります。

さらに、大聖人は『御義口伝《おんぎくでん》』に、

「元品の無明を対治する利剣は信の一字なり」（同一七六四㌻）

と仰せであります。つまり、大御本尊様に対する「信の一字」すなわち、無疑曰信《わっしん》の信こそ、無明を断破する利剣であると仰せられているのであります。

（唱題行（七月一日）・令和五年八月号30㌻）

⑱ 唱題行が原動力

今、宗門は（中略）全支部ともに僧俗一致の体勢を構築して、一天広布《こうふ》を目指して力強く前進をしております。

しかして『日女御前御返事《にちにょごぜんごへんじ》』には、

「南無妙法蓮華経とばかり唱へて仏になるべき事尤《もっと》も大切なり」

（御書一三八八㌻）

と仰せられているように、その原動力となるのが唱題行であります。

折伏《しゃくぶく》は相手が納得しなければ入信しませんが、相手を納得せしめるものは、私達の人格であり、私達の慈悲心であり、決意であります。したがって、自分自身がしっかりと題目を唱えていくなかに、おのずと信心と人格が磨《みが》かれ、慈悲の心をもって決然として折伏を行じていく勇気と智慧《ちえ》と行動力が生まれてくるのであります。

折伏が盛んなる支部は、いずれも講中挙げて唱題行を実施し、その功徳《くどく》と歓喜をもって折伏に打って出て、大きな成果を挙げております。

〔唱題行（七月一日）・令和五年八月号31ページ〕

⑲ まず朝夕《ちょうせき》の勤行を

「皆《みな》人の此《こ》の経を信じ始むる時は信心有る様《よう》に見え候《そうろう》が」とおっしゃっております。つまり、大方《おおかた》の人は「此の経」すなわち、法華経《ほけきょう》を信じ始めた時には熱心に仏祖三宝尊《ぶっそさんぼうそん》を敬い、信心があるように見えるけれども、ということです。

ところが「中程《なかほど》は信心もよはく《弱》、僧をも恭敬《くぎょう》せず、供養をもなさず」と仰せのように、徐々に信心が進んで慣れてしまうと、惰性《だせい》に流されて信心も弱くなり、僧侶も敬わず、供養もしないようになるというのです。これはやはり、信心に対する「慣れ」というものがあるのです。そうしますと、だんだんと信心が弱くなってしまうということです。

本日、お集まりの皆さん方はしっかりと信心をしていて、そのようなことはないと思いますが、注意はしておいたほうがいいのです。ですから、常にこのことを胸に置いて信心を怠《おこた》らないことです。

その秘訣《ひけつ》は、まず朝夕《ちょうせき》の勤行です。そして折伏《しゃくぶく》をすることです。つまり、自行化他《けた》の信心に励むことであります。自分一人だけの幸せというものは基本的に存在しないのであり、大聖人様の教えは自他共の幸せを願っていくところにあるのです。

〔法華講講習会第二十二期・令和五年九月号28ジペー〕

⑳ そのひとことから折伏《しゃくぶく》が始まる

大聖人様は、

「一文一句《いちもんいっく》なりともかたらせ給《たも》ふべし」（御書六六八ジペー）

とおっしゃっているでしょう。「一文一句」と仰せのように難しいことは言わなくていいのです。「あなたも、この信心をしてみませんか」でいいのです。折伏《しゃくぶく》というと、たすき掛けで敵地に乗り込むようなことではなく、普段着のままでいいのです。よく「普段着の折伏」と言いますけれども、大聖人様の教えが正しいことをそのままお伝えしていくのです。もし相手が邪宗教を信じていたならば、それが間違いであることを指摘すればいいのです。「大聖人様の教えが正しいのですよ」と言うこと、このひとことが大事なのです。

そのひとことから折伏が始まり、すべてが解決していくのです。それを躊躇《ちゅうちょ》して何も言わなければ、自行化他《けた》の信心のうちの自行はよくても、化他がだめですから、本当の信心にはなっていかないのです。

大聖人様の仏法の信心は、

「自行化他に亘《わた》りて南無妙法蓮華経なり」（同一五九五ジペー）

とおっしゃっている通り、このお言葉を心肝《しんかん》に染め、ひとこと「この信心をしてみませんか」と声を掛けていくことが大事なのです。たとえ「一文一句なりともかたらせ給ふべし」でありまして、このことをしっかりと実践していきますと、まさに自行化他の信心が成就《じょうじゅ》し、真の幸せを頂戴することができるのであります。

〔法華講講習会第二十二期・令和五年九月号29ジペー〕

㉑ 成仏《じょうぶつ》は持《たも》つにあり

大聖人様は『四条金吾殿御返事』のなかで、

「此《こ》の経をき《聞》ゝう《受》くる人は多し。まことに聞き受くる如《ごと》くに大難来たれども『憶持不忘《おくじふもう》』の人は希《まれ》なるなり。受くるはやす《易》く、持《たも》つはかた《難》し。さる間成仏《じょうぶつ》は持つにあり」（御書七七五ページ）

と仰せであります。

皆さん方もこの御文は、よく聞いておられますね。まさにそうなのです。こつこつと絶やさないで継続していくことが大事なのです。大聖人様も「受くるはやすく、持つはかたし。さる間成仏は持つにあり」と仰せであり、まさに信心をしっかりと続けていくことが肝要《かんよう》なのであります。

この御文中の「憶持不忘」とは、たとえいかなる難にも、たじろがない信仰姿勢を貫《つらぬ》くことであり、このことを心に銘記《めいき》して忘れないことを言うのです。よって、私どもは、たとえいかなる困難・障害が起きようとも、否《いな》、難が起きた時こそ、

「末法《まっぽう》に於《お》いて今日蓮等の類《たぐい》の修行は、妙法蓮華経を修行するに難来たるを以《もっ》て安楽と意得《こころう》べきなり」（同一七六二ページ）

との御聖訓《せいくん》をしっかりと心肝《しんかん》に染めて、むしろそれを機に、いよいよ強盛《ごうじょう》に勤行・唱題に励み、降りかかる障魔を打ち砕《くだ》き、一人でも多くの人を折伏《しゃくぶく》し、一天広布を目指して自行化他《けた》の信心に住していくことが極めて大事なのであります。

何かあったら、お題目を唱えるのです。ただし自行だけの題目ではなくして、世の中の不幸な人達を一人でも多く、妙法蓮華経を下種結縁《げしゅけちえん》して救っていく、つまり自行化他《けた》にわたる信心をしていくことが極めて大事なのであり

ます。そうしますと、不思議なことに、あらゆることが必ず解決していくのであります。

〔法華講講習会第二十二期・令和五年九月号31ページ〕

㉒ 信心は継続

「始めより終はりまで弥信心《いよいよ》をいたすべし。さなくして後悔やあらんずらん」と仰せです。すなわち、信心を始めてから終わりに至るまで、けっして途中で中断することなく、いよいよ強盛《ごうじょう》に怠《おこた》りなく信心に住していくことが、一生成仏《じょうぶつ》を果たすためには極めて肝要《かんよう》であるとの御教示をしっかりと拝し、一人ひとりが怠慢《たいまん》なく、自らの信心を錬磨《れんま》し、鍛《きた》えていくのです。つまり題目を唱え、折伏《しゃくぶく》をして、信心それ自体を鍛え、いよいよ御奉公に励んでいくことが大事なのであります。

何度も申し上げますが、信心は継続することが大事であるということをしっかりと認識され、いよいよ強盛なる信心に励んでいっていただきたいと思います。そこに一切の鍵《かぎ》が存しているのです。この根本のところをしっかりとすることによって、それを取り巻くあらゆるものが変化していくのです。自受法楽《じじゅほうらく》の功徳《くどく》も、そこに必ず頂けるわけですから、この自行と化他《けた》をしっかりと行じていくことが大事なのです。ですから、本宗の信心とは、自行化他にわたりての信心と言うのです。

まさに「一文一句《いちもんいっく》なりともかたらせ給《たま》ふべし」であり、折伏は難しいことを議論しなくていいのです。ただひとこと、「あなたもこの信心をしてみませんか」と言うだけでいいのです。勇気があれば、だれだって言えることなのです。しっかりお題目を唱えていれば、だれだって言える言葉ですよ。

しかし、このひとことが大きいのです。このひとことのなかに慈悲の心が全部、込められているのです。このひとことが、仏様の慈悲そのものなのです。それが私達の折伏であって、邪宗の害毒によって不幸に喘《あえ》いでいる人を救うひとことになるのです。ですから皆様には是非、勇気を持ってこの信心を勧めていただきたい、折伏していっていただきたいと思います。
〔法華講講習会第二十二期・令和五年九月号32㌻〕

㉓ 常に声を掛け合う

「九仞《きゅうじん》の功を一簣《き》に虧《か》く」ということわざがありますが、非常に高い山を築く時に、最後のたった「もっこ」一杯の土が足《た》りなくて、山が完成しないことがあるように、長い間の努力も、最後のほんのちょっとの手違いから失敗に終わってしまうことがあるということです。やはり信心も油断なく、しっかりと行じていくことが大事であります。

されば「何としても此《こ》の経の心をしれる僧に近づき」すなわち、法華経《ほけきょう》の心を知る僧侶に近づき、「弥《いよいよ》法の道理を聴聞して信心の歩みを運ぶべし」と仰せです。つまり、仏法の道理を聴聞して信心の歩みを運ぶということは、常に正しい教えに縁をしていくことになるのです。そういう意味におきましては、正しい教えを説いてくださる御僧侶も大事であり、常に声を掛け合っていく、信心の仲間も大事なのです。

御書のなかにも、

「異体同心なれば万事を成《じょう》じ云云《うんぬん》」（御書一三八九ジペー）

との御教示があるでしょう。信心のお友達がいる、先輩がいる、後輩がいる。そういった方と常に声を掛け合って、信心を錬磨《れんま》していくことが大事なのです。お友達に何か困りごとがあれば、すぐに気づいてあげて声を掛けていくのです。「信心ですよ」と声を掛けていくのです。そのようにしていきますと「異体同心なれば万事を成」ずることができるのです。

〈法華講講習会第二十二期・令和五年九月号33ジペー〉

㉔ 役目を果たす

私達は一人ひとりに、それぞれのお役目があるのです。小さなお役目もあれば、大きなお役目もあります。それが全部、小であろうと大であろうと、広宣流布《こうせんるふ》に向かっていくお役目なのであり、それぞれのお役目を果たしていくことが大事なのです。そして妙法広布《こうふ》のお役目を果たしていくならば、いわゆる広宣流布に寄与《きよ》していくならば、その功徳《くどく》はまことにもって大きいわけです。わずかひとことが、本当にわずかなひとことが、相手を入信に導く例はたくさんあるのですから「一文一句《いちもんいっく》なりともかたらせ給《たま》ふべし」との御指南《しなん》を心掛けていくことが、私達の折伏《しゃくぶく》において最も大事なことであると思います。

〔法華講講習会第二十二期・令和五年九月号34ジペー〕

㉕成仏《じょうぶつ》得道のチャンス

「読書百遍、意《い》おのずから通ず」という言葉がありますように、何回も御書を拝読していただきたいと思います。それでも解らなければ、指導教師に聞いて勉強していただき、信心を錬磨《れんま》してもらいたいと思います。

いずれにいたしましても、末法《まっぽう》という世は色々なことが起きます。大聖人様は、

「難《なん》来たるを以《もっ》て安楽と意得《こころう》べきなり」（御書一七六三ジペー）

と、難が来て、災難に遭《あ》うことがあったとしても、信心で乗りきっていきなさいとおっしゃっているのです。そうすれば、私達は必ず一生成仏《じょうぶつ》することができるのです。

困ったことや苦しいことがあったら、しっかりとお題目を唱えて「安楽」と心得ていくことが肝要《かんよう》であります。成仏得道のチャンスだと思うことが大事なのです。そのように拝し奉って、いかなる難が来ようが強盛《ごうじょう》な信心をもって打ち砕《くだ》いていく信心であれば、妙法の大きな功徳《くどく》を体験することが必ずできます。

されば、どんなことがあっても、しっかりとお題目を唱えて乗り越えていくことが大事であります。

どうぞ皆様には、いよいよ強盛に自行化他《けた》の信心に住し、一天広布《こうふ》を目指して精進《しょうじん》されますよう心から祈り、私の話を終了いたします。

〔法華講講習会第二十二期・令和五年九月号35ジペー〕

㉖ 信心に住すれば魔《ま》は退散する

私達が妙法広布《こうふ》に挺身《ていしん》していけば、魔《ま》も競《きそ》い起こって私達の信心を妨害してきます。

しかし、大聖人様は『兄弟抄』に、

「此《こ》の法門を申すには必ず魔出来《しゅったい》すべし。魔競《きそ》はずば正法《しょうぼう》と知るべからず。第五の巻に云《い》はく『行解既《ぎょうげすで》に勤めぬれば三障四魔紛然《さんしょうしまふんぜん》として競ひ起こる、乃至随《ないししたが》ふべからず畏《おそ》るべからず。之《これ》に随へば将《まさ》に人をして悪道に向かはしむ、之を畏れば正法を修することを妨《さまた》ぐ』等云云《うんぬん》。此の釈は日蓮が身に当たるのみならず、門家の明鏡なり。謹《つつし》んで習ひ伝へて未来の資糧とせよ」（御書九八六ジペー）

と仰せであります。
すなわち、たとえいかなる魔が競い起きようが、魔は仏様には絶対に勝てないのでありますから、私どもは強盛《ごうじょう》に妙法信受の一念を貫《つらぬ》き、毅然《きぜん》として自行化他《けた》の信心に住していけば、魔は必ず退散し、勝利を勝ち取ることができるのであります。

〔法恵寺移転新築落慶法要・令和五年九月号38ジペー〕

㉗ 堅忍不抜《けんにんふばつ》の精神を持って

『四条金吾殿御返事』には、

「火にたきゞ《薪》を加ふる時はさかん《盛》なり。大風吹けば求羅《ぐら》は倍増するなり。松は万年のよはひ《齢》を持つ故に枝をまげ《曲》らる。法華経《ほけきょう》の行者は火とぐら《求羅》との如し。薪《たきぎ》と風とは大難の如《ごと》し」（御書七七六ページ）

と御教示あそばされております。

特に今日《こんにち》の如き、新型コロナウイルス感染症の蔓延《まんえん》をはじめ、世情騒然《そうぜん》とした様相を呈《てい》している時、我々はたとえいかなる障魔《しょうま》が行く手に立ちはだかろうが、一歩も退《しりぞ》くことなく、その魔を粉砕《ふんさい》し、妙法広布《こうふ》に邁進《まいしん》していくことが肝要《かんよう》であります。そのためには、まず己《おの》れ自身が確固たる信念のもと、信心堅忍不抜《けんにんふばつ》の精神を持って、たくましく強くならなければなりません。強盛《ごうじょう》に、いかなる障魔にも負けない自分を作っていくことが最も大事であります。

ですから、「寸善尺魔」と言われるように、少しでも油断すると魔が競い、狂《くる》いを生じてしまうことがないようにしていくためには、常に自分自身を鍛《きた》え、切磋琢磨《せっさたくま》していくことが大切なのです。

〔行学講習会閉講式・令和五年九月号41ページ〕

㉘お互いが励まし合う

これはいつも皆に言うことですが、魔《ま》は仏様には絶対に勝てないのでありますから、我々は大御本尊様に対する絶対的な確信をもって、全力を傾注《けいちゅう》して妙法広布《こうふ》に前進していくことが肝要《かんよう》であります。

今、宗門は僧俗挙げて、一天広布を目指してたくましく前進をしておりますが、この時に当たり大事なことは、異体同心の団結であります。

大聖人の御金言《きんげん》のなかに、

「異体同心なれば万事を成《じょう》じ、同体異心なれば諸事叶《かな》ふ事なし」

（御書一三八九㌻）

と仰せであります。

誓願達成の秘訣《ひけつ》は僧俗一致・異体同心の団結であることを忘れてはなりません。

されば、お互いが励まし合い、異体同心の団結をしていくところに誓願達成の秘訣があることを改めて認識し、妙法広布のために挺身《ていしん》していくことが大事であります。

〔行学講習会閉講式・令和五年九月号42ジペー〕

㉙ 三事既《すで》に相応せり

「而《しか》も法華経《ほけきょう》は『閻浮提人《えんぶだいにん》・病之良薬《びょうしろうやく》』とこそとかれて候《そうら》へ」と仰せです。

つまり、法華経薬王品には、

「此《こ》の経は則《すなわ》ち為《こ》れ、閻浮提の人の病《やまい》の良薬なり。若《も》し人病有《あ》らんに、是《こ》の経を聞くことを得ば、病即《すなわ》ち消滅して不老不死ならん」

（法華経五三九ページ）

と説かれています。このなかの「閻浮提」とは、古代インドの世界観でありまして、須弥山《しゅみせん》の南にある四洲《ししゅう》の一つで、南閻浮提とも言います。もとはインドの地を想定したもので、仏法有縁《うえん》の地とされていますが、現代では地球全体と考えてよいと思います。すなわち、法華経は地球全体、すべての人々の良薬であると説かれているのであります。

そして「閻浮の内の人は病の身なり、法華経の薬あり、三事すでに相応しぬ」と示されます。つまり「閻浮の内の人」すなわち地球上の人々は、すべて病に冒《おか》された身であり、その病人に対しては、法華経の薬こそ最も効果があるとの仰せであります。

次に「三事すでに相応しぬ」と仰せの「三事」とは、仏とお経と行者を指します。すなわち『新田殿御書《にいだごしょ》』には、

「経は法華経、顕密《けんみつ》第一の大法なり。仏は釈迦《しゃか》仏、諸仏第一の上仏なり。行者は法華経の行者に相似《あい》たり。三事既《すで》に相応せり。檀那《だんな》の一願必ず成就《じょうじゅ》せんか」（御書一四七〇㌻）

と仰せであります。つまり「三事」について末法今時《まっぽうこんじ》から拝せば、経とは文底下種《げしゅ》の妙法蓮華経、仏とは御本仏宗祖日蓮大聖人、行者とは法華経の行者、すなわち本宗の僧俗を指すのであります。

そして、拝読した御文の最後に「一身いかでかたす《助》からざるべき。但《ただ》し御疑ひの御わたり候はんをば力及ばず」と仰せであります。つまり病気快復のための三事は、既に相応しているので、あなたが助からないわけがあろうかということであります。

ただし、あなたに法華経に対する疑い、つまり大御本尊への疑いがあるならば、力は及ばずして、願いはかなわないであろうと仰せなのであります。すなわち、一生成仏《じょうぶつ》を果たすためには、大御本尊に対する無疑曰信《わっしん》の信、つまり心に疑惑のない絶対の信こそ最も大事であるとおっしゃっているのであります。

私達が様々な願いを御祈念《きねん》する時、まずこの無疑曰信の信が大事であるということを、心得ておかなければなりません。

〔法華講講習会第二十三期・令和五年十月号21ページ〕

㉚ 幸せのために

大聖人様は『祈祷《きとう》抄』のなかで、

「大地はさゝばはづるゝとも、虚空《こくう》をつなぐ者はありとも、潮のみちひ《満干》ぬ事はありとも、日は西より出《い》づるとも、法華経《ほけきょう》の行者の祈りのかな《叶》はぬ事はあるべからず。法華経の行者を諸《もろもろ》の菩薩《ぼさつ》・人天・八部等、二聖《しょう》・二天・十羅刹《じゅうらせつ》等、千に一も来たりてまぼ《守》り給《たま》はぬ事侍《はべ》らば、上《かみ》は釈迦《しゃか》諸仏をあなづり奉り、下《しも》は九界をたぼらかす失《とが》あり。行者は必ず不実なりとも智慧《ちえ》はをろかなりとも身は不浄なりとも戒徳は備へずとも南無妙法蓮華経と申さば必ず守護し給ふべし」（御書六三〇㌻）

と仰せであります。

この御金言《きんげん》を拝し、自らの幸せのためにも、また一人でも多くの人達の幸せのためにも、なお一層の精進《しょうじん》をもって、信心強盛《ごうじょう》に妙法広布《こうふ》に尽くしていくことが今、最も大事であることを自覚していただきたいと思います。

いかなる人も、もともと末法の衆生《しゅじょう》は本未有善《うぜん》であります。しかし、その本未有善の衆生が救われるのは、この妙法以外にないという確信が、まず大事であります。そして、文字通り信行学を習ってしっかりと行じていけば、必ず所願を成就《じょうじゅ》することができるのであります。したがって、我々一人ひとりがしっかりと自行化他《けた》の信心に励まなければならないということになるわけであります。

〔法華講講習会第二十三期・令和五年十月号22ページ〕

㉛父母への孝養

法華経《ほけきょう》は釈尊《しゃくそん》出世の本懐《ほんがい》たるお経であります。されば法華経こそ大聖人が「心中に第一」と思われたお経であり、それは大事な法門が法華経に記されているからであるということです。

よって『開目抄《かいもくしょう》』には、

「但《ただ》し仏教に入って五十余年の経々、八万法蔵を勘《かんが》へたるに、小乗あり大乗あり、権経《ごんきょう》あり実経あり、顕教・密教、軟語《なんご》・麁《そ》語、実語・妄語、正見・邪見等の種々の差別あり。但《ただ》し法華経計《ばか》り教主釈尊の正言なり。三世十方の諸仏の真言なり。大覚世尊は四十余年の年限を指して、其《そ》の内の恒河《ごうが》の諸経を未顕真実、八年の法華《ほっけ》は要当説《ようとうせつ》真実と定め給《たま》ひしかば、多宝仏《たほうぶつ》大地より出現して皆是《かいぜ》真実と証明《しょうみょう》す。分身《ふんじん》の諸仏来集《らいじゅう》して長舌《ちょうぜつ》を梵天《ぼんてん》に付く。此《こ》の言赫々《かくかく》たり、明々たり。晴天の日よりもあきらかに、夜中の満月のごとし。仰いで信ぜよ、伏して懐《おも》ふべし」（御書五二六ジペー）

と仰せられているのであります。

したがって「父母に御孝養の意《こころ》あらん人々は法華経を贈り給ふべし」、つまり父母に孝養を尽くしたいと思われるならば、

「世尊法久《く》後　要当説真実（世尊は法久《ひさ》しうして後《のち》　要《かなら》ず当《まさ》に真実を説きたもうべし）」（法華経九三ジペー）

と説かれた、諸経のなかで最勝の法華経を贈るべきであると仰せなのであります。

なぜなら「教主釈尊の父母の御孝養には法華経を贈り給ひて候《そうろう》」、つまり釈尊は父母の孝養のために法華経を贈られたということですから、我々もまた、法華経をもって孝養をすることが最も大事だと、このようにおっしゃっているのであります。

〔法華講講習会第二十三期・令和五年十月号27ジペー〕

㉜ 真の幸せを掴《つか》む

まさに私どもの信心にとって、大御本尊への絶対信のもと、謗法厳誡《ほうぼうげんかい》の宗《しゅう》是《ぜ》を固く守り、純真なる信心に励んでいくことが、いかに大事であるかを知らなければなりません。

謗法厳誡という宗是が、本宗にはあります。御書のなかにも、

「うるし千ばいに蟹の足一つ入れたらんが如し」（御書一〇四〇ページ）

という御言葉がありますが、どんなに立派な漆《うるし》がたくさんあったとしても、たった一本の蟹《かに》の足を入れただけで、その漆が使いものにならなくなってしまうように、信心をしていても、謗法があれば、その謗法の害毒によって立ちどころに信心がだめになってしまうのです。

だから、本宗におきましては、受持《じゅじ》正行、折伏《しゃくぶく》正規、そして謗法厳誡ということを厳しく言っているわけです。我々は、この謗法に対しては厳しく破《は》折《しゃく》をしていくのです。それは、その人を救うためだからです。

今も多くの人が間違った信仰や思想、誤った考え方に執《とら》われて、不幸に喘《あえ》いでいます。その姿を見た時に、私達は、その人達を救うために、その人の持っている考え方、間違った信仰を破折してあげなければなりません。これが折伏なのであります。

折伏というのは、まさしく慈悲なのです。苦しんでいる人達、謗法を犯《おか》している人達がいたら、私達は、

「力あらば一文一句《いちもんいっく》なりともかたらせ給《たま》ふべし」(同六六八ジペー)

と大聖人様がおっしゃっていますように、ひとことでもいいのです。「あなたのしている信仰は間違ってますよ」「正しいのは大聖人様の教えです」と、まずこれから始めればいいのです。その心がないと、本当に人を救うことは

できません。
今、宗門を挙げて折伏大戦線のさなかであります。どうぞ一人ひとりが、折伏ということがいかに大事であるか、広宣流布《こうせんるふ》ということがいかに大事であるかを肝《きも》に銘《めい》じていただきたいと思います。そして、一天四海皆帰《かいき》妙法を目指した戦いが折伏行でありますから、この折伏をもって一人ひとりが真の幸せを掴《つか》んでいただきたいと思います。

〔法華講講習会第二十三期・令和五年十月号35ジペー〕

総本山第六十八世御法主日如上人猊下
御指南集 三十三

令和５年12月15日　初版発行

編集・発行／株式会社 大 日 蓮 出 版
静岡県富士宮市上条546番地の1
印　　刷／株式会社 きうちいんさつ

ISBN978-4-910458-17-5